OFFENSES

ET

ACTES HOSTILES

COMMIS PAR DES PARTICULIERS

CONTRE

UN ÉTAT ÉTRANGER

PAR

Édouard CLUNET

Avocat à la Cour d'Appel de Paris,

Membre de l'Institut de droit international.

PARIS

MARCHAL ET BILLARD, Libraires de la Cour de Cassation

27, *Place Dauphine*, 27

1887

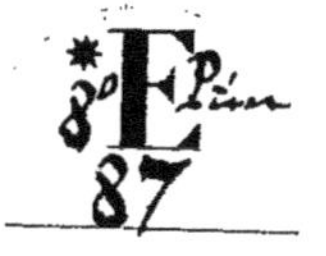

OFFENSES

ET

ACTES HOSTILES

COMMIS PAR DES PARTICULIERS

CONTRE

UN ÉTAT ÉTRANGER

PAR

Édouard CLUNET
Avocat à la Cour d'Appel de Paris,
Membre de l'Institut de droit international.

PARIS
MARCHAL ET BILLARD, Libraires de la Cour de Cassation
27, *Place Dauphine*, 27

1887

Offenses et actes hostiles commis par des particuliers contre un État étranger (1).

Dans ces dernières années, l'attention des jurisconsultes a été attirée à différentes reprises sur cette délicate partie du droit pénal qui touche de si près au bon état des relations internationales. Des faits récents qui se sont passés dans plusieurs pays, et notamment en France, en Allemagne et en Italie ont donné aux questions, que cette matière implique, un intérêt dont l'actualité n'est pas près de finir. Le moment est venu d'examiner à ce point de vue l'état du droit positif, d'en constater les lacunes, et d'examiner s'il convient de les combler.

Une pareille recherche, il va sans dire, doit être conduite avec le calme et l'indépendance des investigations scientifiques. Toute préoccupation de plaire ou de servir n'a pas de place ici ; une seule pensée est notre guide : montrer la réalité des choses et y proposer les corrections compatibles avec l'état d'opinion dans la société internationale.

Les faits récents, auxquels nous faisions allusion, sont à la mémoire de tous ; ils ont été répétés par les cent voix de la presse. En France, c'est la caricature du puissant ministre d'un État voisin qui est vendue par les rues. C'est un journal, dont le titre et les articles ont pris à partie ce pays ; il affiche à l'aide d'un transparent, ou d'un écriteau des résultats électoraux faits pour déplaire à l'adversaire qu'il s'est donné ; il fleurit même les fenêtres de son bureau de rédaction de bouquets de drapeaux nationaux mariés à ceux d'une tierce puissance.

---

(1) Nous donnons ici quelques extraits d'une monographie assez étendue que l'auteur doit publier chez MM. Marchal et Billard, éditeurs à Paris, sous ce titre : *Offenses et actes hostiles commis par des particuliers contre un État étranger, le Chef de cet Etat ou ses Agents diplomatiques*.

A la faveur de la licence traditionnelle des Jours Gras, en Allemagne, c'est l'effigie du ministre de la guerre français qui est traînée et bafouée par les voies publiques ; en Italie, c'est le même hommage rendu au ministre qui gouverne effectivement l'Empire allemand.

Voilà bien des excès, ou plus exactement, de méchantes taquineries ! — Mais ne sont-elles pas la conséquence inévitable des rivalités des nations? Elles se produisent dans l'intérieur de chaque pays, comment n'en rejaillirait-il pas quelques-unes sur le sol du voisin ? De tout temps il y a eu ainsi échange de flèches par-dessus les frontières.

Ce n'est pas là-dessus que les peuples ont jamais pris feu. Leur sang et le fruit de leur labeur sont réservés à d'autres causes. Le plus sage n'est-il pas de faire comme si on n'était pas touché. De nos jours la liberté de la presse et le droit de réunion n'ont-ils pas blasé depuis longtemps hommes et gouvernements sur ces piqûres (1).

Cependant, le gouvernement français, dont l'Europe apprécie les incessants efforts pour le maintien de l'harmonie entre les peuples, a seul poursuivi judiciairement les faits accomplis sur son territoire, jusqu'ici l'Allemagne et l'Italie se sont abstenus (2) ; nous rechercherons plus tard si leur législation pénale leur permettait une autre attitude. La France a-t-elle mieux agi? La réponse à cette question est d'ordre politique ; elle est en conséquence hors de notre domaine. Nous n'avons à nous engager ici que sur la terre ferme du droit positif.

Au surplus, notre but n'est pas de trouver la solution juridique de tel ou tel incident ; notre visée est plus large. C'est la matière même des offenses et des actes hostiles, émanés de particuliers à l'adresse d'un État étranger, qui est l'objet de notre étude.

I

Offenses. — La qualification d' « offense » appliquée à un fait criminel a été assez rarement employée dans le code pénal français.

(1) Le comte de Cavour, dans un discours célèbre prononcé le 5 février 1852 devant le Parlement cisalpin, constatait qu'il n'y avait pas de jours où Napoléon III ne servit de cible aux journaux piémontais.

(2) Une dépêche de Berlin du 2 mars 1887 annonçait qu'une enquête aurait été prescrite par le gouvernement allemand sur l'incident de Cologne.

L'art. 86. C. P. s'en sert pour caractériser des actes dirigés contre la personne du souverain et qui ne constituent pas des attentats, mais il l'a « laissée vague et indéfinie » (1). On entend par cette expression les attaques de toute nature, insultes par gestes ou paroles, outrages, diffamation, injures ; elle constitue, suivant les cas et d'accord avec sa définition littéraire, « une injure de fait ou de parole » (2). Quelques lois spéciales ont également employé ce terme, comme nous verrons plus loin. C'est en somme une expression générale et compréhensive, qui englobe les actes matériels et immatériels.

L'offense, ainsi entendue, si elle est commise envers un « État étranger » par un particulier, n'est pas réprimée par la loi française semblable en ce point à beaucoup de lois étrangères. A l'époque de la confection du code pénal (1810) une pensée semblable serait difficilement venue à ses rédacteurs ; depuis, les circonstances n'avaient pas démontré la nécessité d'une loi spéciale. Il a paru suffisant de protéger la personne des chefs d'État étrangers et de leurs représentants.

Mais si l'offense commise contre un « État étranger », pris dans le sens abstrait du mot et comme embrassant la collectivité des individus composant une souveraineté, n'est pas punissable, il en est différemment lorsque l'offense est dirigée contre une victime concrète, telle que le chef de cet Etat. L'art. 36 de la loi du 29 juillet 1881 décide que : « l'offense commise publiquement envers les chefs d'Etat étrangers sera punie d'un emprisonnement de 3 mois à un an et d'une amende de 100 francs à 3.000 francs ou de l'une de ces deux peines seulement ». L'art. 47, § 5 dispose que « la poursuite aura lieu soit à leur requête, soit d'office sur leur demande adressée au ministre des affaires étrangères, et par celui-ci au ministre de la justice ». La juridiction compétente est la Cour d'assises. (3)

L'art. 12 de la loi du 17 mai 1819 punissait déjà cette offense ; la pénalité était déjà plus forte : 1 mois à 3 ans d'emprisonnement, 100 fr. à 3,000 fr. d'amende.

La loi du 26 mai 1819 dans son art. 3 imposa aux chefs d'Etat

(1) Faustin Hélie. t, 2. 5° ev. p. 121.

(2) Littré. Dictionn. t. 3. p. 805.

(3) Ces dispositions sont la reproduction des art. 5 et 6 de la loi du 29 décembre 1875 sur la répression des délits qui peuvent être commis par la voie de la presse, abrogée par la loi du 29 juillet 1881, qui a codifié la matière. Une différence assez importante est à remarquer entre les deux lois. La loi ancienne déférait la répression de ces offenses au tribunal correctionnel, la loi actuelle les remet à la décision du jury.

étrangers qui se croiraient offensés à poursuivre eux-mêmes ou à déposer une plainte.

L'innovation des lois de 1875 et de 1881 a été d'exiger que l'offense ait été « commise publiquement ».

. . . .

Ces dispositions ne s'appliquent qu'aux chefs des gouvernements étrangers reconnus par la France (1) et non déchus (2).

La poursuite pour offense commise publiquement envers les chefs d'États étrangers a lieu soit à la requête même du chef d'État offensé, soit d'office, s'il en a requis le ministre des affaires étrangères. (art. 47. 5°. Loi du 29 juillet 1881) (3). L'absence de l'une ou l'autre de ces conditions rendrait la poursuite non recevable, et cette non-recevabilité, considérée comme d'ordre public, pourrait être relevée d'office par le tribunal saisi, même en appel pour la première fois. C'est ce qui a déjà été décidé sous l'empire de la loi du 29 décembre 1875 que la loi de 1881 a reproduite en ce point.

MM. de Reilhac et Battarel agissant au nom des porteurs des titres de l'emprunt contracté par Dom Miguel de Portugal en 1832, avaient fait apposer sur les murs, et à côté même des affiches annonçant l'émission d'un emprunt contracté par le gouvernement portugais, des placards où il était affirmé que le Gouvernement laissait en souffrance 38.750 obligations de cet emprunt, qualifié d'Emprunt royal du Portugal.

M. le comte de San Miguel, chargé d'affaires du Portugal à Paris, cita directement MM. de Reilhac et Battarel devant la 10e chambre du tribunal correctionnel de Paris pour diffamation et offense envers le gouvernement portugais.

Ce tribunal, par jugement du 30 décembre 1879, estima qu'en fait le délit d'offense n'existait pas à la charge des prévenus.

Le gouvernement portugais releva appel. La Cour d'appel repoussa la plainte par une fin de non recevoir qui consacre les règles indiquées plus haut : « Considérant en la forme, qu'aux termes de l'art. 6 § 2 de la loi du 29 décembre 1875 qui n'a fait en ce point que reproduire les dispositions de l'art. 3 de la loi du 26 mai 1819, la

(1). Chassan, I, p. 435. De Grattier, I, p. 174; Rousset. n° 1129.

(2) Paris, 12 sept. 1834; (duc de Brunswick, Dalloz, dép. v° Presse, n° 672. Cass. crim. 24 mai 1879 (prince Louis-Napoléon), D. 79, 1, 273.

(3) Il en est de même pour le cas d'offense ou d'outrage envers les agents diplomatiques étrangers, art. 37 et 47. 5° de la loi du 29 juillet 1881.

poursuite pour offenses contre la personne des souverains ou chefs de gouvernement étrangers, ne peut avoir lieu que sur la plainte et à la requête du souverain ou du chef du gouvernement qui se croira offensé ; que seul il a qualité pour apprécier la gravité de l'offense et l'opportunité de la réparation qu'elle peut motiver. — Considérant qu'il n'est pas justifié dans l'espèce d'aucune plainte adressée par S. M. le roi de Portugal au Ministre des affaires étrangères de la République française ; que d'autre part, la présente instance n'a pas été engagée à la requête de ce souverain, qu'elle a été introduite à la requête du gouvernement portugais, agissant poursuites et diligences de M. le comte de San Miguel, son chargé d'affaires en France ; que le gouvernement portugais seul a été représenté devant le tribunal de la Seine et que seul il a interjeté appel du jugement rendu par le tribunal ; — que pour la première fois, devant la Cour, à l'audience du 3 juillet (1880), des conclusions ont été prises par l'avoué du comte de San Miguel, tout à la fois pour S. M. le roi de Portugal et le gouvernement portugais, mais que cette intervention tardive de la personnalité du roi ne saurait avoir pour effet de régulariser une procédure engagée sans son concours; — Considérant qu'i. résulte de ce qui précède que l'incrimination d'offense envers la personne du roi de Portugal n'ayant pas été déférée à la justice française par une citation signifiée à la requête de S. M. le roi, manque de la base qui lui est juridiquement et rigoureusement indispensable; que cette fin de non recevoir étant d'ordre public, il était du devoir absolu de la Cour de l'aborder avant tout examen de fond. » (Cour de Paris. ch. correction. 17 juillet 1880. Prés. M. Try., av. gén. M. Loubers (concl. conf.).

Il y a une confusion à laquelle il convient aussi de ne pas se laisser entraîner. Ce que l'art. 36 de la loi de 1881 punit, c'est l'offense à la personne même du chef de l'État ; mais la loi n'identifie pas l'État avec son représentant suprême. Ainsi l'offenseur du chef de l'État ne commet pas un délit contre l'État même à la tête duquel il est placé, et l'attaque contre un État étranger n'implique pas une offense personnelle contre la personne de son chef, encore qu'au point de vue politique il en soit le représentant le plus élevé.

C'est en ce sens que la jurisprudence s'est prononcée dans les rares occasions où les circonstances lui ont donné la parole sur un pareil sujet. Nous empruntons les lignes suivantes aux décisions rendues dans l'affaire que nous avons déjà rappelée : « Att. que vainement le plaignant se fondant sur les mots : « Chefs de gouvernement étrangers » employés dans l'art. 12 de la loi du 17 mai 1819, parallèlement à l'expression de « souverain » en conclut que l'offense prévue par cet article comprend tout à la fois l'atteinte portée à la personne des souverains et celle dirigée contre eux en leur qualité de chefs de gouvernement, et par suite qu'une allégation blessante contre leur gouvernement peut rejaillir sur eux comme une offense et tomber sous l'application de la loi — que cette interprétation est repoussée aussi bien par le texte de la loi que par les principes du droit public en vigueur dans les États constitutionnels et par l'esprit général de la législation française : att. que la loi de 1819, en parlant des chefs de gouvernement, après avoir parlé des souverains, n'a pas eu pour but de créer une deuxième catégorie d'offense, celle qui, identifiant le souverain avec son gouvernement, ferait remonter jusqu'à lui les critiques dont son gouvernement est l'objet, mais s'est uniquement proposé de protéger, à l'égal des souverains, en les plaçant sur la même ligne qu'eux, les chefs d'État qui ne sont pas souverains, — qu'à l'égard des uns et des autres, le législateur exige que l'offense pour être punissable soit faite à leur personne, ce qui exclut l'hypothèse qu'il ait entendu caractériser une double situation, sous laquelle l'offense pourrait les atteindre et la réprimer alors même que, portant moins haut, l'attaque s'arrêterait à leur gouvernement. » (Trib. correct. de la Seine, 10e Ch. 8 janvier 1830. Présid. M. Lœw (1), min. publ. M. Calary) (2).

La Cour d'appel de Paris a suivi la même doctrine dans l'arrêt qui a confirmé le jugement précité ; elle s'est appliquée à bien distinguer le souverain étranger et son gouvernement :

« La Cour — en ce qui concerne le délit d'offense, — Considérant que l'art. 12 de la loi du 17 mai 1819 a uniquement pour objet d'assurer le respect dû à la personne des souverains étrangers et à celle des chefs de gouvernement étrangers, que la précision de ces termes ne permet pas d'en étendre l'application aux gouvernements étrangers eux-mêmes » (Cour de Paris, Ch. corr. 17 juillet 1880, prés. M. Try. Gouvernement du Portugal c. Battarrel).

Nous trouvons encore dans cette jurisprudence, la plus récente sur la question, la confirmation de ce que nous avancions, c'est-à-

(1) Aujourd'hui président de la Chambre criminelle de la Cour de Cassation.

(2) Aujourd'hui Avocat général à la Cour de Paris.

dire, que la loi française, dans son état actuel, ne connaît pas le délit d'offense envers un gouvernement étranger.

. . . .

II

Actes hostiles. — L'acte hostile est une des manifestations de l'offense. Tandis que l'offense *in genere* se traduit sous les formes les plus diverses, en parcourant toute la gamme de l'outrage, depuis l'expression ou le geste de mépris jusqu'à la violence légère — au-delà, on se trouverait évidemment dans un autre domaine du droit pénal, — l'acte hostile, lui, est un acte matériel qui, tout en ne supposant pas dans tous les cas une intention injurieuse, aboutit à une lésion de l'honneur ou des intérêts de l'offensé.

Le Code pénal français s'est occupé des actes hostiles qui atteignent un État étranger; il les a rangés en deux catégories, la première dans l'art. 84 C. P. ; la deuxième dans l'art. 85 C. P.

Pour la catégorie de l'art. 84, l'acte doit réunir deux conditions : il faut, 1° qu'il n'ait pas été approuvé par le gouvernement, 2° qu'il ait exposé l'État, dont ressort ou chez lequel se trouve le délinquant, à une déclaration de guerre de la part de l'État offensé. — Pour la catégorie de l'art. 85, il faut aussi que l'acte n'ait pas été approuvé par le gouvernement, mais il suffit qu'il expose des Français à éprouver des représailles.

Par la combinaison de l'art. 3, Code civil, qui édicte que les lois de police et de sûreté obligent tous ceux qui habitent le territoire, on voit que la nationalité du délinquant importe peu, et qu'il tombe sous le coup de la loi, fût-il même sujet de l'Etat offensé. On remarquera encore que depuis la modification des art. 5, 6 et 7 du code d'instr. crim. par la loi du 27 juin 1866, le délit serait poursuivi encore qu'il eût été commis à l'étranger, et même par un étranger.

Le texte de ces articles est ainsi libellé :

Art. 84 C. P. « Quiconque aura par des actions hostiles, non approuvées par le gouvernement, exposé l'État à une déclaration de guerre sera puni du bannissement ; et si la guerre s'en est suivie de la déportation ».

Art. 85 C. P. « Quiconque aura par des actes non approuvés par le gouvernement, exposé des Français à éprouver des représailles, sera puni du bannissement ».

Le bannissement consiste à être « transporté par ordre du gouvernement hors du territoire de la République »; sa durée est de 5 ans au moins, 10 ans au plus. (Art. 32 C. P.) Cette peine est infamante (art. 8 C. P.); elle entraîne la dégradation civique (art 28 C. P.). La déportation consiste « à être transporté et à demeurer à perpétuité dans un lieu déterminé par la loi hors du territoire continental de la République », cette peine est afflictive et infamante (art. 7 C. P.) et entraîne la dégradation civique, depuis que la mort civile a été abolie.

Ainsi ces crimes sont punis eux-mêmes, suivant les conséquences qu'ils entraînent pour l'État; quant à la complicité elle reste réglée dans les conditions du droit commun par l'art. 60 C. instr. crim.

Récemment, la simple provocation à les commettre est devenue un délit spécial, quand elle s'est manifestée par certains moyens. En effet, l'art. 24 de la loi sur la presse du 29 juillet 1881 s'exprime ainsi : « Ceux qui par les moyens énoncés en l'article précédent (1) auront directement provoqué à commettre les crimes de meurtre, de pillage et d'incendie, ou l'un des crimes contre la sûreté de l'État prévus par les art. 75 et suivants et y compris l'art. 101 C. P. seront punis dans les cas où cette provocation n'aurait pas été suivie d'effet de 3 mois à 2 ans d'emprisonnement et de 100 fr. à 3.000 fr. d'amende.»

On voit que pour l'application de cet article au point de vue qui nous occupe, il faut toujours qu'il soit justifié que les agissements du délinquant aient été tels qu'ils aient incité les tiers à commettre des actes hostiles de nature à exposer l'État à une guerre ou les citoyens à des représailles.

Nous commencerons par nous occuper de l'art 84 C. P.; l'ordre numérique le veut ainsi, et surtout la gravité des questions de droit international qui y sont engagées.

Cet article est placé sous la rubrique « des crimes et délits contre la sûreté extérieure de la France », il vient à la suite des art. 75-83 qui punissent les intelligences et machinations des nationaux avec l'étranger. Il est évident qu'il n'a songé que subsidiairement à la protection des souverainetés étrangères, et qu'il procède d'un tout autre esprit que l'art 36 de la loi du 29 juillet 1881. Il veille bien à détourner des souverainetés étrangères les coups que des mains

(1) L'art. 23 de la loi du 29 juillet 1881 vise « les discours, cris ou menaces proférés dans des lieux ou réunions publiques, les écrits imprimés ou vendus ou distribués, mis en vente ou exposés dans des lieux ou réunions publics, les placards ou affiches exposés aux regards du public.

téméraires voudraient leur porter; l'amitié internationale y est pour quelque chose; mais la pensée dominante est de préserver le pays de la riposte meurtrière de l'offensé.

La disposition est nouvelle dans le Code de 1810.

Le Code pénal de 1791 portait, art. 2. sect. 1. 2. p., que lorsqu'il aurait été commis quelques agressions hostiles ou infraction de traités tendant à allumer la guerre entre la France et une nation étrangère, le ministre qui aurait donné ou contre-signé l'ordre, ou le commandant des forces nationales de terre ou de mer qui sans ordre aurait commis les dites agressions hostiles ou infraction de traités, serait puni de mort. »

Dans ce cas les poursuites ne pouvaient être exercées contre les prévenus qu'après en avoir obtenu l'autorisation du Corps législatif; ce qui était la conséquence de ce que le Code ne considérait comme actions hostiles que celles qui pouvaient être imputées à des ministres et à des commandants de la force armée de terre ou de mer. (1)

Les travaux préparatoires du Code civil de 1810 sur cet article sont pauvres en informations. L'article paraît avoir été adopté sans que ses parrains se rendissent un compte exact de ses applications. Il n'est guère question de l'art. 84 que dans l'exposé des motifs, et voici les quelques lignes qui lui sont consacrées.

« Ceux qui par des des actions hostiles ou des actes non approuvés par le gouvernement exposent l'État à une déclaration de guerre, compromettent sans doute la sûreté extérieure. La loi les proclamera donc coupables bien que nul soupçon d'intelligence avec l'ennemi ne plane sur eux : mais comme, relativement à leurs actes, ils n'ont pas d'éléments susceptibles d'indiquer jusqu'à quel point les conséquences pouvaient être connues de leurs auteurs, ceux-ci ne seront pas punis de la peine capitale, mais déportés ou bannis, selon les suites plus ou moins graves qu'auront eues leurs téméraires démarches (2). »

Qu'est-ce que c'est qu'un acte, ou pour reprendre la lettre du texte, une « action hostile »? La loi ne l'a pas définie. La difficulté était d'ailleurs insurmontable. L'acte humain, c'est le Protée antique, il varie indéfiniment dans sa forme et sa valeur. Sa portée dépend en partie des yeux qui le regardent.

---

(1) Carnot, conseiller à la cour de Cassation 2e édit. 1836. p. 300.

(2) Exposé des motifs du titre 1er du livre III du Code pénal, fait par M. le comte Berlier, conseiller d'État et orateur du gouvernement dans la séance du Corps législatif du 5 février 1810. (Locré, t. 29, p. 419.)

Mais nous ne sommes encore qu'à moitié chemin. Qu'est-ce qu'un « acte hostile qui expose l'État à une déclaration de guerre ? » (1).

Nous voilà en pleines ténèbres, et dans cette ombre vainement étend-on la main pour y rencontrer une définition, on ne peut rien ramener ayant un corps ou un contour. Tout dépend du temps qu'il fait en politique, des ambitions secrètes, du plan poursuivi. Un acte est innocent pour celui-ci ; pour cet autre il est coupable. L'acte du fort et du faible ont-ils jamais eu la même couleur ?

Tout ce que nous révèle le droit positif français, c'est qu'il faut qu'il y ait un acte matériel commis et une guerre éventuelle ou déclarée.

La condition d'un *acte matériel* est certaine. L'art. 84, C. P. ne punit pas l'offense en général, telle qu'elle pourrait se manifester par l'opinion écrite ou proférée, mais seulement « l'action », le fait extérieur et tangible. « Les actions hostiles, dit M. Rauter, doivent être telles *matériellement*, c'est à dire des actions militaires ou des actes de guerre et il faut qu'elles aient un caractère public vrai ou feint » (2). M. Morin, conseiller à la Cour de Cassation s'exprime ainsi : « La loi pénale ordinaire et la loi militaire ont en vue des *faits matériels*, comme actions hostiles, pouvant exposer à une déclaration de guerre ou à des représailles » (3).

---

(1) M. le procureur général Dupin s'exprimait ainsi dans l'aff. Jauge sur laquelle nous reviendrons. « La loi ne définit pas ce qu'elle entend par ces actes d'hostilité, ni ce qui peut exposer la nation à une déclaration de guerre parce que cela dépend beaucoup des circonstances, c'est donc une appréciation de faits qui doit être laissée aux juges. Dans telle circonstance, un fait d'hostilité aura donné lieu de la part de la puissance offensée à des représentations : on aura demandé satisfaction avec menaces de le poursuivre par les armes, si on ne l'obtient pas autrement ; voilà un cas évidemment où la nation a été exposée à la guerre. » L'éminent jurisconsulte estime qu'on ne peut ranger parmi les actes de ce genre, le fait d'avoir prêté de l'argent au prétendant qui cherche à renverser un gouvernement ami, de lui avoir procuré des marchés pour fournitures d'armement et d'équipement (liberté du commerce), d'avoir conféré des grades dans l'armée du prétendant, de lui avoir fourni une voiture pour passer sur le territoire ami (Cassation crim. 24 nov. 1834, Sirey, 1834, 1. 825).

(2) Rauter. Traité de droit criminel 1836, t. c. n° 236. M. Rauter était professeur à la Faculté de droit de Strasbourg et membre de la Chambre des députés (1834-1837),

(3) Morin. Lois de la guerre. Paris 1872, t. c. p. 96.

Enfin, il faut encore que l'action hostile que le particulier aura commise soit telle qu'elle ait pu allumer ou qu'elle ait réellement allumé la guerre entre l'Etat étranger et l'Etat, sur le territoire duquel le fait se sera accompli.

Cette seconde condition appelle les protestations les plus vives.

Nous sommes résolument de ceux qui considèrent que l'art. 84 C. P. est sans application pratique et qu'il reste inscrit dans notre législation répressive à l'état de lettre morte. Il prévoit une hypothèse que les principes les plus certains du droit international repoussent énergiquement. En effet, un simple particulier ne peut jamais engager son gouvernement, et moins encore l'exposer à une déclaration de guerre de la part d'un État étranger. Une action hostile a-t-elle été accomplie ? L'État offensé demandera des explications à l'État où le fait s'est passé. Cet État mis en demeure a l'alternative suivante, ou de répudier l'acte dénoncé ou de l'approuver; s'il le répudie, l'Etat étranger trouve dans ce désavœu, en même temps que la preuve de l'innocence de l'Etat interpellé, le principe de la réparation qui lui est due ; s'il l'approuve, l'État interpellé assume les conséquences de l'acte en question, il le fait sien, et la responsabilité initiale de son auteur disparaît aux termes mêmes de l'art. 84 C. P.

Donc, et alors même que la guerre éclaterait, ce n'est jamais l'acte du particulier qui en sera cause ; désavoué, cet acte n'a pu constituer une offense publique pour la nation étrangère ; approuvé, ce n'est plus l'acte d'un particulier, il est devenu celui d'un gouvernement.

Il est impossible d'admettre, — et moins que jamais aujourd'hui où les guerres menacent de ne plus être des duels isolés et rapides, mais des luttes universelles où l'œuvre tout entière de la civilisation sera mise en question — qu'il puisse dépendre du membre le plus infime d'une communauté quelconque de déchaîner sur le monde un pareil fléau, ou même de l'y exposer. C'est là le vestige d'une théorie barbare qu'il faut déraciner du droit positif.

La présence d'une pareille disposition dans un Code n'est pas indifférente ; elle est dangereuse. En effet puisqu'on admet que l'acte d'un particulier peut avoir pour conséquence d'exposer son pays à la guerre, s'il n'est pas désavoué par un gouvernement, voilà le gouvernement placé dans la plus fausse des situations. Va-t-il être obligé de se livrer à une série de poursuites intolérables pour la liberté des citoyens, incompatibles avec les mœurs actuelles des pays civilisés? Chaque fois qu'une manifestation se produira à l'égard d'une souveraineté étrangère quelconque, le gouvernement devra se poser l'embarrassante question de savoir s'il mettra en mouvement l'appareil judiciaire, ou s'il restera coi.

Les relations internationales ne comportent que deux situations : l'état de guerre ou l'état de paix. Pendant la paix, un État est présumé entretenir des rapports également satisfaisants avec tous les États étrangers. Si l'on poursuivait l'acte dirigé contre telle puissance et non celui contre telle autre, ce serait donc proclamer solennellement qu'on est dans des rapports difficiles avec cette puissance, puisqu'on redoute plus particulièrement son irritabilité ? Ne serait-ce pas en tout cas éveiller les susceptibilités des États dont on aurait défendu la dignité avec un zèle moins jaloux ?

Enfin le gouvernement poursuit, voilà le crime déféré à la Cour d'assises, — et si le jury acquitte ! (1) Sans doute, dans la forme, le gouvernement étranger devra se tenir pour satisfait, puisque les ressources de la loi auront été épuisées à son service ; mais au point de vue politique éprouvera-t-il le même contentement ? Ne trouvera-t-il pas que le gouvernement aurait aussi bien fait de s'abstenir, qu'il était inopportun d'engager des poursuites devant aboutir à une absolution presque fatale, et à donner en quelque sorte un nouveau relief à un acte qui n'avait pour origine que l'obscure initiative d'un individu. Les rapports internationaux, dont l'art 84. C. P. a dessein de ménager l'harmonie, en seront-ils améliorés ?

Et si le gouvernement recule devant ces poursuites parfois irritantes, incertaines toujours, passera-t-il pour approuver tacitement les actes hostiles qu'il n'aura pas déférés aux tribunaux ? Songez qu'une loi redoutable lui laisse l'initiative de la poursuite, et que l'État étranger intéressé peut lui reprocher sa tiédeur. Quel embarras ! Quels dangers ! Quelle situation tout à la fois lourde et absurde !

Le fondement de l'art. 84 C. P. c'est que l'acte incriminé, dû à un simple individu, ait pu être l'occasion d'une guerre entre deux peuples. Cette funeste doctrine est repoussée par la science ancienne

(1) Toutes les chances ne sont-elles pas pour un acquittement, dans la plupart des cas, à raison de l'énormité de la peine prononcé par l'art. 84 C. P. (le banissement) et de la rédaction qu'il impose à la question à soumettre au jury. « La question relative au crime prévu par l'art. 84 C. P. dit M. Blanche, avocat général à la Cour de cassation (*a*), doit être conçue en ces termes : Le nommé X..., est-il coupable d'avoir, le... par des actions hostiles non approuvées par le gouvernement, exposé l'Etat à une déclaration de guerre ? »

(*a*) Etudes sur le Code pénal 1864, T. 2, p. 519.

et moderne : elle est désertée par le droit criminel positif, dans ses plus récentes manifestations. C'est là sans doute un concours d'opinions de nature à agir sur tous les esprits, même sur ceux des politiques, encore que l'un des plus consommés ait dit, dans une de ces boutades qui lui sont familières, « que la politique étrangère n'avait rien à voir dans les théories juridiques » (1).

Le très ancien Hugo Grotius « dont on ne doit jamais parler sans vénération » (2) s'exprime ainsi : « Une société civile comme tous les autres corps n'est pas responsable des actions de chaque particulier, auxquelles elle n'a rien contribué en faisant ou ne faisant pas certaines choses » (3).

Et Barbeyrac, professeur en droit à Groningen, son traducteur et annotateur, ajoute dans une note où il passe en revue tous les précédents de l'antiquité : « Ammien Marcellin rapporte que les ambassadeurs des Quades, ancien peuple d'Allemagne, se servirent de l'excuse ordinaire qu'on n'avait rien fait contre les Romains, par délibération publique des principaux de la nation, mais que les désordres venaient de quelques brigands étrangers » (4).

Un non moins illustre, Vattel, écrit : « Cependant comme il est impossible à l'État le mieux réglé, au souverain le plus vigilant et le plus absolu, de modérer à sa volonté toutes les actions de ses sujets, de les contenir en toute occasion dans la plus exacte obéissance, il serait injuste d'imputer à la nation ou au souverain toutes les fautes des citoyens. *On ne peut donc dire en général que l'on a reçu une injure d'une nation parce qu'on l'aura reçue de quelqu'un de ses membres* » (5).

Au XIXe siècle, les savants ne sont pas moins catégoriques sur ce point qu'aux siècles précédents.

---

(1) Le prince de Bismarck au Reischtag le 3 déc. 1875, s'écria à propos de la discussion de l'art. 393 du Code pénal qui a pour but de réprimer les indiscrétions des diplomates : *Mit juristischen Theorieen lässt sich auswärtige Politik nicht treiben.*

(2) Wicquefort. Traité de l'ambassadeur. L. I. sect. 27.

(3) Le droit de la guerre et de la paix, par Hugo Grotius, trad. Barbeyrac. Liv. II. ch. 21. § II. Amsterdam. P. de coup. 1749. t. 2. p. 128.

(4) Loc. cit. p. 128 n. 1, in fine.

(5) Vattel, le droit des gens. L. II. ch. IV § 73. On sait que Emer de Vattel, né sujet du roi de France, fut acrédité à Berne comme ministre de l'électeur de Saxe, roi de Pologne, Auguste III, en 1749.

En Allemagne, Klüber (1) s'exprimait déjà ainsi, il y a plus de cinquante ans. L'état d'inimitié entre plusieurs nations prend son origine dans la lésion d'un droit quelconque existante ou à craindre. Les droits des Etats sont lésés de la même manière que les droits des particuliers : directement, si le préjudice a été porté au corps de l'Etat ; indirectement, s'il l'a été à quelques individus seulement, sujets de l'Etat, soit par l'autre Etat dans sa totalité, soit par quelques uns de ses membres, *quand toutefois leur gouvernement a participé d'une manière quelconque à la lésion* » (2).

L'opinion allemande contemporaine est aussi dans ce sens. M. Geffcken, sénateur à Hambourg, dans sa 4e édit. du droit international de l'Europe (1883, p, 231, note 4) estime qu'un Etat ne peut même être rendu responsable des actes de piraterie commis par un de ses nationaux : « Comme aucun gouvernement ne permettra de pareils crimes, le pirate ne peut s'être procuré des papiers de bord que par des moyens frauduleux et ne peut arborer un pavillon que par usurpation. Aucun Etat ne peut donc être rendu responsable des actes des pirates ».

Nos savants collègues à l'Institut de droit international, MM. Bulmerincq, professeur à l'Université de Heidelberg et Marquardsen, professeur à l'Université d'Erlangen, sont du même avis. « Le droit au respect qui appartient aux Etats implique aussi le respect des représentants de l'Etat. Une offense faite à un chef d'Etat, ou à un ambassadeur ou à ses emblêmes, est considérée comme faite à l'Etat lui-même. Si une telle offense est commise par une autorité publique ou son représentant, elle est et doit-être considérée comme une violation du droit des gens, mais si ces offenses proviennent des sujets (*angehorige*) d'un Etat étranger, elles ne peuvent pas être considérées ainsi (*nicht als solche gelten kann*) (3).

(1) Klüber : Droit des gens modernes de l'Europe, édition Ott. Paris Guillaumin § 231. On sait que Klüber a été professeur à l'Université d'Erlangen, plus tard à celle de Heidelberg, puis conseiller de légation au ministère des affaires étrangères de Prusse (1817).

(2) En autorisant par exemple le fait injurieux, de même, quand il a excité celui qui l'a commis, qu'il a retardé ou refusé la réparation *demandée*, dans le cas surtout où quelques uns de ses sujets ont pillé le territoire étranger, où ses armateurs ou corps francs ont attaqué une nation non ennemie, où le prince régnant enfin a offensé comme particulier l'autre Etat. Schrodl, Syst Juris gentiun lesione, Hal. 1741 (Klüber *loc cit.*)

(3) *Handbuch des öffentlichen Völkerrecht.* 2e livrais. Freiburg. Mohr. 1884, p. 205.

En Angleterre, un magistrat considérable, dont la science déplore la perte récente, R. Phillimore, écrit : « Les insultes faites par un particulier (*individual*) d'un État, quand elles ne sont pas reconnues, ou même si, les circonstances l'exigeant, elles sont désavouées par l'État dont cet individu est membre, peuvent, généralement parlant, être rarement prises en considération pour justifier un grief international (*international complaint*) (1).

En Italie, cette opinion est soutenue par notre savant collaborateur M. Fiore, professeur à l'Université de Naples, qui déclare inapplicable l'art. 174 du Code pénal sarde, aujourd'hui en vigueur dans la Péninsule. Cet article reproduit le texte de l'art. 84. C. P. français. M. Fiore dit à ce sujet : « On ne saurait admettre que l'État puisse être exposé à une déclaration de guerre par le fait isolé d'un particulier » (2).

M. Calvo se joint aux auteurs cités, dans la dernière édition de son œuvre considérable sur le droit international. « En thèse générale, les actes privés des nationaux n'engagent pas la responsabilité de l'État auquel ils appartiennont. » (1880). I. p. 426.

Un éminent publiciste français, appelé plusieurs fois à diriger les affaires de son pays, soulignait cette théorie d'un trait ironique, en faisant allusion aux incidents que nous rappelions au début : « Si le transparent de l'autre jour n'avait pas été déchiré par le commissaire de police, on nous aurait tous rendus solidaires, et avec nous notre gouvernement , de l'imprudence d'un isolé, dont aujourd'hui même je ne sais pas le nom ! » (3)

Si, quittant les hauteurs du droit international public, nous prenons l'art. 84 C. P, dans son histoire, dans son application pratique et dans sa transformation dans les codes étrangers, où il s'était autrefois glissé, nous rencontrons partout sa condamnation.

Le système vicieux de cet article a été signalé du haut de la tribune française, en plein Corps législatif, il y a plus de 50 ans.

En 1831, le gouvernement proposa différentes modifications au Code d'instruction criminelle et au Code pénal. Pour l'art. 84 il fut proposé de changer la pénalité écrite dans la fin de l'article et de

---

(1) Phillimore, membre du conseil privé de la Reine *Commentares upon international law*. t. 2 (3e édit. 1882).

(2) Fiore. Droit intern. public t. 2. p. 536. Paris 1885.

(3) Jules Simon, ancien président du conseil des ministres (1877) dans *le Matin* du 9 mars 1887.

remplacer par la détention à perpétuité la déportation prononcée pour le cas où les actions hostiles amèneraient la guerre.

A la Chambre des députés, dans la séance du 1er déc. 1831, un membre (M. de Podenas) s'exprima ainsi :

« Si l'art. 84 C. P. était mis en question devant vous, je n'hésiterais pas à en voter la suppression.

« Dans l'état politique de l'Europe, dans la situation de ses relations diplomatiques, je ne peux concevoir le fait d'un prévenu qui par des actes hostiles non approuvés par le gouvernement entraînera la guerre étrangère. C'est un crime impossible et la peine qu'on lui applique n'est dès lors qu'une chimère.

« Cette proposition est tellement vraie que depuis que le Code pénal est en vigueur parmi nous, il n'est pas un exemple d'une accusation de ce genre qui ait été poursuivie. (1) »

Peu de temps après, M. Carnot, conseiller à la Cour de cassation, écrit son ouvrage sur le Code pénal et il s'écrie : « De le part d'un simple particulier qui n'est revêtu d'aucun caractère public quelles seraient les actions qu'il aurait pu commettre ayant un caractère d'hostilité de nature à exposer la France à une déclaration de guerre de la part d'une puissance étrangère ? (2) » Il conclut même qu'il n'y a que les agents du gouvernement qui puissent commettre des actes de cette importance, et que de la part d'un particulier, aucun acte ne peut avoir ce caractère, à moins qu'il n'ait usurpé un titre ou une fonction qu'il n'avait pas, et que cet artifice ait trompé la puissance étrangère.

M. Rauter, professeur à la Faculté de Strasbourg et député, vers le même temps, se prononce de la même façon « ce crime ne peut donc guère être commis que par un commandant militaire. Des actions hostiles commises à titre privé rentrent dans le crime de l'art. 85. (3) »

Plus tard, M. Faustin Hélie, président à la Cour de cassation, examine la même question dans sa théorie du Code pénal et va plus loin encore : « Dans l'état politique de l'Europe il est difficile que le fait isolé d'un simple citoyen, et même d'un fonctionnaire public, puisse allumer la guerre entre deux nations. Une déclaration de guerre n'intervient pas sans que l'Etat offensé ait demandé des explications. Et dès que l'aggression a été commise à l'insu du gouvernement

(1) *Moniteur universel*, suppl. au n° du 1er déc. 1831 p. 2271, vol. 1, — Chambre des députés, séance du mercredi 30 nov. 1831.

(2) Carnot. 2e éd. 1836, p. 300.

(3) Rauter, *Loc. Cit.* t. I. n° 286.

auquel appartient l'agent, dès que le gouvernement la désavoue hautement, il est improbable que la guerre puisse jamais en être la conséquence. Il suit de là, et c'est aussi ce que confirme l'expérience, que l'art. 84, quoique destiné à réprimer un fait coupable, doit demeurer sans application dans nos lois » (1).

C'est avec raison que M. Faustin Hélie disait que l'expérience le confirmait dans son opinion sur l'inapplicabilité de l'art. 84 C. P. Les archives judiciaires ne présentent en 77 ans, que trois tentatives d'application de cet article (2).

En 1824, un arrêt de la Chambre des mises en accusation de la Cour de Rouen avait renvoyé devant la Cour d'assises les sieurs Herpin et Rossignol, commandant la goelette l'*Amour de la patrie*, sous pavillon colombien, pour avoir capturé le navire la *Notre-Dame du Rosaire*, naviguant sous le pavillon sarde et avoir ainsi commis les crimes prévus et punis par les art. 84 et 85 C. P. Un pourvoi fut dirigé contre cet arrêt et il fut repoussé par la Chambre criminelle de la Cour de cassation le 18 juin 1824. L'arrêt de rejet (3) déclara que les Français ne justifiaient pas de l'autorisation de la puissance étrangère à qui le pavillon appartenait et que par le fait d'avoir capturé un navire naviguant sous pavillon étranger, ils ont « exposé la France à une déclaration de guerre de la part du roi de Sardaigne ou au moins des Français à éprouver des représailles de la part de ce gouvernement, que ce fait réunissait également les caractères de la criminalité prévue et punie d'une peine afflictive et infamante par les art. 84 et 85 C. P.

Le 25 février 1831, dans la nuit, un attroupement de 40 à 50 personnes habitant sur le territoire français s'est porté sur le territoire sarde, où il a attaqué le poste de la douane sarde et s'est livré à divers actes de violence envers les préposés ; on les a désarmés, on a tiré sur eux et on a brisé les portes d'une remise pour enlever un tonneau de vin qui, introduit en contrebande sur le territoire sarde, y avait été saisi, et pour reprendre la voiture qui l'avait apporté ; le tout a été ramené sur le territoire français. La Cour de Grenoble, chambres réunies, décide le 25 avril 1831 : « que ces faits constituent des actions hostiles, non approuvées par le gouvernement, lesquelles exposaient l'Etat à une déclaration de guerre ou tout au moins des actes non approuvés par le gouvernement, lesquels

(1) Faustin Hélie. Cod. Pénal. 5e éd. 1872. t. 2. p. 58.

(2) La 4e a eu lieu le 12 mars 1887. Pour le résultat, voir le *post-scriptum*.

(3) Sirey chron. à sa date.

exposaient des Français à éprouver des représailles, crimes prévus par les art. 84 et 85 C. p. et emportant peine afflictive et infamante et qu'il y a lieu à accusation contre A. Perret, J. Cayen, etc. (1).

Au mois de juillet 1834, le sieur Jauge, banquier à Paris et plusieurs autres personnes furent arrêtés et poursuivis sous la prévention d'avoir pratiqué des manœuvres et entretenu des intelligences avec Don Carlos, considéré depuis le traité de la quadruple alliance du 22 avril 1834 comme ennemi commun de la France et de l'Espagne « son alliée ». En facilitant la rentrée de ce prétendant dans ce dernier pays, en concourant à un emprunt, à des enrôlements et armements en sa faveur, etc., crimes ou délits prévus par les art. 76, 77 et 79 C. P. Comme aussi d'avoir par les mêmes faits exposé la France à une déclaration de guerre de la part de l'Espagne, crime prévu par l'art. 84, même code.

Le 20 octobre 1834, ordonnance de renvoi devant la Chambre des mises en accusation de la Cour de Paris qui statue le 30 du même mois, qu'il n'y a lieu à suivre par ces motifs en ce qui concerne l'art. 84 C. P., « qu'en admettant que les faits reprochés constituent des actions hostiles de la nature des cas prévus audit article, il est évident que par ces faits l'Etat n'était pas exposé à une déclaration de guerre de la part de l'Espagne unie à la France par des relations de bienveillance et d'amitié dont elle ne peut révoquer en doute la sincérité. » Le Procureur général près la Cour de Paris s'est pourvu en cassation contre cet arrêt. La Cour suprême, par arrêt du 28 novembre 1834, et sur les conclusions conformes de M. le Procureur général Dupin, a rejeté le pourvoi ; le passage relatif à l'art. 84 est ainsi conçu : « Attendu que si cet article, d'après les termes dans lesquels il est conçu est général quant aux personnes, il ne peut s'appliquer qu'aux actions hostiles qui sont de nature à exposer l'Etat à une déclaration de guerre. — Attendu que la Cour royale de Paris, Chambre des mises en accusation, en appréciant les faits sur lesquels elle avait à prononcer et en déclarant que ces faits n'avaient pas le caractère de criminalité ci-dessus énoncé, n'a point excédé ses pouvoirs et n'a pas violé l'art. 84 précité : rejette » (2).

Le bilan de la jurisprudence paraît donc être celui-ci : trois poursuites en 77 ans, dont deux seulement ont abouti à une condamnation. Dans le première, en 1824, il s'est agi de la capture en pleine paix d'un navire portant un pavillon ami ; dans la seconde, en 1831,

(1) S. 1832. 2. 90.
(2) S. 1834. 1. 822.

de l'attaque à main armée, sur un territoire voisin, d'un poste de douaniers, avec accompagnement de coups de fusil, de bris de clôture, d'enlèvement d'objets séquestrés. Dans aucun de ces cas, la poursuite n'a été exclusivement basée sur l'art. 84 C. P. : l'art. 85 y était également intéressé, et les décisions que nous avons analysées paraissent avoir été surtout influencées par cette circonstance que les « actes hostiles » incriminés étaient de nature à attirer des représailles aux Français. C'est donc justement que M. Faustin Hélie estimait qu'il était confirmé par l'expérience dans l'idée que cet article devait demeurer sans application dans nos lois (1).

Dans les pays étrangers où, à la suite des événements du début de ce siècle, notre code pénal de 1810 avait été mis en vigueur, l'art. 84 C. P. a été éliminé des codes nouveaux qui ont remplacé le code français.

La Belgique a substitué au code de 1810, un nouveau code promulgué le 8 juin 1867. L'art. 123 y remplace les anciens articles 84 et 85 ; il est ainsi conçu : « quiconque par des actions hostiles, non approuvées par le gouvernement, aura exposé l'État à des hostilités de la part d'une puissance étrangère, sera puni de la détention de cinq ans à dix ans, et si des hostilités s'en sont suivies, de la détention de 10 ans à 15 ans. »

Cette réforme heureuse, mais partielle encore, a été déterminée par les observations judicieuses de M. Haus qui, examinant cet article, seize ans auparavant, écrivait :

« Art. 84. Cet article a besoin d'être revisé. Des actions hostiles commises envers une puissance étrangère peuvent entraîner des hostilités contre la Belgique de la part de cette puissance, mais jamais elles ne peuvent exposer l'État à une déclaration de guerre, ou allumer la guerre entre la Belgique et une puissance étrangère, puisqu'elles n'étaient pas approuvées par le gouvernement. Il est possible qu'avant que celui-ci ait pu donner les explications nécessaires, la puissance ait commencé des hostilités contre la Belgique ; mais quant à la guerre ou à une déclaration de guerre, le gouvernement pourra toujours l'éviter en désavouant les actions commises sans son autorisation et s'il ne le fait pas, c'est qu'il les approuve. Du reste en fait de guerre ou de déclaration de guerre, les nations ne vont pas si vite » (2).

(1) Code Pénal, 5e édit, 1872, t. 2, p. 58.

(2) Haus. Etudes de législation pénale comparée. Revision du Code pénal de 1810. Bruxelles 1851. p. 142.

La HOLLANDE a attendu plus longtemps encore pour reprendre l'œuvre du législateur de 1810. Ce n'est que le 3 mars 1881 qu'elle a promulgué son nouveau Code pénal. Avec le Code pénal hongrois, édicté le 28 mai 1878, ce sont les deux monuments de droit criminel les plus récents de l'Europe, et, en cette qualité, intéressants à consulter pour constater le dernier état des idées acceptées dans le domaine du droit positif.

Dans le nouveau Code hollandais, l'art. 84 a complètement disparu. Les faits qu'il avait pour but de réprimer sont définis d'autre façon et rentrent dans les art. 97, et 100 ainsi conçus :

Art. 97. « Celui qui entre en relations avec une puissance étrangère en vue de la pousser à commettre des hostilités ou à faire la guerre contre l'État, de la fortifier dans la résolution prise par elle en ce sens, de lui promettre assistance pour l'exécution ou de lui donner assistance dans les préparatifs est puni d'un emprisonnement de 15 ans au plus. Si les hostilités ont été commises ou si la guerre a éclaté, la peine appliquée est l'emprisonnement à perpétuité ou à temps, de 20 ans au plus. »

Art. 100. « Est puni d'un emprisonnement de 6 ans au plus : 1° Celui qui, dans une guerre où les Pays-Bas ne sont pas compromis, commet avec intention un acte mettant en danger la neutralité de l'État , ou enfreint, avec intention, une injonction spéciale donnée et publiée par le gouvernement pour le maintien de la neutralité ; 2° Celui qui, en temps de guerre, enfreint, avec intention, une injonction donnée et publiée par le gouvernement dans l'intérêt de la sûreté de l'État. (1) »

. . . .

III.

Nous venons de voir que si chez un grand nombre de nations la loi positive punit l'offense envers le chef d'un Etat étranger, chez quelques-unes, en France, notamment, le même délit commis à l'endroit d'un Etat étranger, pris séparément de la personne de son représentant suprême, ne tombe pas sous l'application d'un texte répressif.

Dans ces pays, — la France, l'Italie, l'Espagne, — dont la législation pénale date de la première moitié de ce siècle, cette offense n'est punie que lorsqu'elle résulte d'un acte matériel et susceptible d'en-

(1) Trad. Vintgens, avocat à la Haye. Paris. Impr. nat. 1883.

traîner pour le pays où il s'est produit le péril extraordinaire d'une guerre étrangère. Nous avons écouté la vive protestation de la science, contre une telle doctrine et constaté qu'elle avait été répudiée par les Codes modernes.

Il n'est plus personne aujourd'hui pour oser écrire dans un texte législatif que l'acte d'un particulier est capable d'allumer une guerre entre deux peuples. Et chacun comprend quel dangereux pouvoir la loi remet aux mains d'un gouvernement en lui laissant l'initiative de la poursuite d'actes ainsi qualifiés. L'art. 84 C. P. français, l'art. 174 du Code pénal sarde (aujourd'hui italien), l'art. 148 du Code pénal espagnol sont donc destinés à tomber bientôt sous les ciseaux du législateur.

Cependant n'y a-t-il pas quelque modification à apporter à la loi pénale en ce point, et telle, qu'elle satisfasse à la fois aux règles de la vie internationale et remette, dans cette délicate matière, les responsabilités en leur place.

C'est faire appel aux notions les mieux acceptées des peuples civilisés, que d'affirmer que les Etats, comme les individus, ont de mutuels devoirs. De même que l'individu malgré qu'il en ait ne peut s'isoler, de la société, un État est dans l'impossibilité de se retrancher de la communauté internationale. Cette nécessité implique pour lui des droits et des devoirs. Ceux qui concernent les relations entre Etats ont été très bien précisés par notre éminent ami, M. Calvo, dans son bel ouvrage sur le *Droit international* (1):

« L'Etat n'est pas seulement obligé d'assurer l'empire de la paix et de la justice entre les divers membres de la société dont il est l'organe ; il doit encore et tout particulièrement veiller à ce que tous ceux qui sont placés sous son autorité n'offensent ni le gouvernement ni les citoyens des autres pays. Les nations sont en effet tenues de se respecter mutuellement, de s'abstenir les unes à l'égard des autres de toute lésion, de toute injure, en un mot de tout ce qui peut nuire à leurs intérêts et troubler la bonne harmonie qui doit présider à leurs relations. »

L'offense contre un Etat étranger doit être interdite au même titre et pour les mêmes motifs rationnels que l'offense envers un national ou un étranger ; celle-ci est réprimée, celle-là doit l'être également. Une loi positive s'arrête à moitié route, si elle se contente de protéger les étrangers contre les entreprises privées, et y

(1) M. Calvo, aujourd'hui ministre de la République Argentine à Berlin. *Le droit international*, en 4 vol. 3e édit. Paris, t. 1, p. 425.

laisse exposée la collectivité de ces étrangers composant un Etat reconnu. L'ordre est non moins troublé dans le second cas que dans le premier.

Phillimore l'a dit excellemment à propos d'une des variétés de l'offense : « Le droit international interdit la diffamation à l'égard d'un Etat, par la même raison que le droit interne la défend contre un particulier. L'individu est offensé par là dans son droit social, dans ses relations avec d'autres individus. L'Etat, qui a été reconnu comme membre de la société des sociétés est aussi atteint par là dans ses rapports avec les autres sociétés. Mais dans l'un et l'autre cas le droit n'est pas violé par une libre discussion et critique sur les actes extérieurs de l'Etat ou de l'individu. Un Etat ne peut se plaindre, s'il jouit de la même protection qu'un individu » (1).

Il faut donc reconnaitre que lorsque le droit positif de certains pays punit l'offense envers le chef d'un Etat étranger, et ne couvre pas l'Etat lui-même du tort porté à sa dignité ou à ses intérêts, ce droit est incomplet et ne satisfait pas aux exigences des rapports internationaux (2).

Nous considérons donc qu'en temps de paix, l'offense envers un Etat étranger, quelle que soit la forme qu'elle revête, les moyens qu'elle emploie, les manifestations sous lesquelles elle apparaît, doit entraîner une sanction pénale pour le particulier qui l'a commise.

Mais ici, il ne s'agit pas d'une infraction ordinaire et nous subordonnerions sa poursuite à deux conditions : 1° la plainte formelle de l'Etat offensé ; 2° la réciprocité légale ou diplomatique chez l'État requérant.

La condition de la plainte de la partie lèsée est fondée en science rationnelle. Il s'agit là d'un délit qui touche à l'honneur, à la considération, aux intérêts particuliers de l'offensé. L'offensé est d'un rang exceptionnel ; c'est une nation tout entière qui est enveloppée dans sa personne. Nul n'est meilleur gardien de sa dignité que lui-même.

L'intérêt d'un Etat est variable et complexe ; il peut lui conve-

(1) Phillimore. *Commentaires*, t. II, 3e édit. 1882, p. 48.

(2) Notre distingué collègue à l'Institut de droit international. M. Hall, dit en fort bons termes : « Il est nécessaire de pourvoir par une loi interne et jusque dans une certaine limite (*to a reasonable extent*) contre l'accomplissement par des particuliers d'actes offensants pour les droits des autres Etats et d'en user avec une fermeté modérée (*reasonable vigour*) Hall. *International law*. Oxford. Clarendon press. 1880, p. 45.

nir pour des raisons supérieures d'ignorer la faute ou de la relever, d'éviter les sentiments d'aigreur ou d'inimitié qu'une poursuite éveillerait, de préférer que les choses s'assoupissent. Que de fois l'Etat étranger n'estimera-t-il pas qu'il vaut mieux se taire et dédaigner, ou simplement pardonner ! Mais, en pareille matière, l'offensé seul peut être juge du parti à prendre : à lui seul appartiennent les responsabilités de l'initiative ou les convenances de l'abstention.

Le droit criminel a une classification particulière pour les délits où l'ouverture de l'action publique est subordonnée à la plainte préalable de la partie lésée. C'est par des considérations semblables à celles que nous avons touchées qu'on y voit figurer : l'adultère, le rapt de la fille mineure suivi de mariage, l'injure, la diffamation, et enfin les offenses d'une certaine nature.

En effet, la condition préalable dont nous parlons ici, a déjà été imposée en matière d'offense contre les Souverain ou Chefs d'Etat étrangers ; elle a été introduite, il y aura bientôt 70 ans, dans les lois spéciales qui règlent cette matière en France ; nous rappelons seulement pour mémoire les art. 12 de la loi du 17 mai 1819, 3 de la loi du 26 mai 1819, 5 de la loi du 29 décembre 1875, 47 de la loi du 19 juillet 1881.

Quant à la condition de réciprocité légale ou diplomatique, nous la croyons utile à raison de la teneur actuelle de plusieurs lois étrangères. On peut aussi constater [que le principe supérieur en vertu duquel une règle doit être adoptée, parce qu'elle est bonne en soi sans souci de savoir si les voisins sont disposés à nous accorder les mêmes avantages, a un peu perdu de terrain dans ces dernières années. On revient de plus en plus dans la pratique des rapports internationaux au principe, plus modeste sans doute, mais en somme fort équitable de la réciprocité. Nous voulons croire que l'idéal n'a pas baissé, que la générosité qui gouverne les relations des peuples contribue à l'entretenir, et que si une conception plus utilitaire rencontre seule aujourd'hui la faveur du public, c'est seulement que la fréquence des conventions diplomatiques a introduit peu à peu dans les mœurs internationales les habitudes positives des contrats synallagmatiques du droit civil !

Dans la voie où il convient que le droit positif s'engage, l'Allemagne a déjà fait les premiers pas.

Le Code pénal allemand (*Strafgesetzbuch für das deutsche Reich*) date du 15 mai 1871 et a été corrigé le 26 février 1876. Il est par conséquent un des plus modernes de l'Europe. C'est dire qu'aucun de ses articles ne reproduit les dispositions aujourd'hui condamnées des art. 84 C. P. français, 174 C. P. sarde, 148 C. P. espagnol.

Un titre spécial est consacré aux actes hostiles (*feindliche Handlungen*) contre les États amis ; il renferme quatre articles qui sont ainsi conçus :

« Art. 102. Tout Allemand qui à l'intérieur ou à l'étranger, tout étranger qui pendant son séjour à l'intérieur, commet, contre un État ne faisant pas partie de l'Empire allemand ou contre le souverain de cet État, un acte (*Handlung*) qui serait puni suivant les prescriptions des art. 81 à 86, s'il était commis contre un État de la Confédération, ou un souverain confédéré, sera puni dans les cas des articles 81 à 84 de la détention d'un an à dix ans ou en cas de circonstances atténuantes d'une détention de 6 mois à 10 ans ; dans les cas prévus par les art. 85 et 86 de la détention d'un mois à 3 ans.

« Cependant il n'en sera ainsi que si la réciprocité (*Gegenseitigkeit*) est garantie à l'Empire allemand dans l'autre État.

« La poursuite n'a lieu que sur la requête (*Antrag*) du gouvernement étranger. La requête pourra être retirée. »

Les actes punis par les articles 81 à 86 C. P. allemand, auxquels renvoie l'art. 102, sont compris sous la rubrique : haute trahison et trahison envers l'État (*Hocheverrath und Landesverrath*) ; ils punissent les attentats contre les souverains de la Confédération, les complots pour changer par la violence la constitution, pour incorporer violemment le territoire de la Confédération à un État étranger ou celui d'un État de la Confédération à un autre État de la Confédération ; la préparation et la provocation à ces crimes.

Art. 103 « Quiconque se sera rendu coupable d'une offense (*Beleidigung*) envers le souverain (*Landesherr*) ou le régent (*Regenten*) d'un État ne faisant pas partie du territoire allemand sera puni d'un emprisonnement d'une semaine à deux ans ou d'une détention de même durée, à la condition que dans cet État la réciprocité soit garantie à l'empire allemand.

« La poursuite n'aura lieu que sur la requête du gouvernement étranger. Cette requête pourra être retirée. »

Art. 103 « Quiconque aura méchamment enlevé, détruit, endommagé, outragé (*beschimpfender Unfug*) les emblèmes publics (*offentliches Zeichen*) de l'autorité d'un État qui n'appartient pas à l'empire allemand ou un emblème de la souveraineté de cet État sera puni d'une amende de 600 marks et d'un emprisonnement pouvant s'élever à deux ans. »

Art. 104 « Quiconque se sera rendu coupable d'une offense (*Belei-*

digung) envers un ambassadeur ou un chargé d'affaires accrédités auprès de l'empire, d'une cour de la confédération, ou du sénat de l'une des villes libres, sera puni d'un emprisonnement pendant un an au plus ou de la détention pendant le même temps. »

De ces dispositions, il convient de rapprocher l'art. 20 de la loi sur la presse du 7 mai 1874 (1) entré en vigueur le 1er juillet 1874 (2) qui s'exprime ainsi : « La responsabilité pour les actes dont le caractère délictueux repose sur le contenu d'un imprimé se détermine d'après les lois pénales ordinaires ».

L'examen de ces textes suggère plusieurs observations. L'Allemagne a adopté le principe affirmé par la législation française dès 1819 : le délit contre un Etat ami, son souverain ou ses ambassadeurs n'existe qu'à la condition que l'offensé se plaigne et assume ainsi la responsabilité de la poursuite. L'Allemagne exige en outre que la réciprocité lui soit garantie, au moins par la législation de l'Etat requérant.

Le code pénal allemand ne châtie l'offense en général, que lorsqu'elle atteint non pas même le Chef, mais seulement le Souverain (*Landesherr*) de l'Etat étranger, distinction qui laisse impunie, par exemple, l'offense faite au Président de la République des Etats-Unis, de la République française ou au Conseil fédéral helvétique (3).

L'offense en général contre un Etat étranger n'est pas réprimée.

Le Code pénal allemand ne frappe l'offenseur que dans deux cas: celui où les emblèmes publics de l'Etat étranger ont été outragés avec scandale (*beschimpfender Unfug*) ; celui où l'offenseur a commis à l'égard de l'Etat étranger un des crimes de haute trahison que nous avons énumérés plus haut : attentat contre la vie du souverain, complot pour changer violemment la constitution, pour détacher une partie du territoire, etc.

En dehors de ces deux cas, le droit pénal allemand regarde avec impassibilité s'accomplir les offenses et les actions hostiles dont les Allemands ou les étrangers sur son territoire se rendent coupables envers un Etat ami : insultes, outrages, manifestations, actes hostiles de toute sorte. Les faits qui ont donné lieu à des poursuites en

---

(1) Gesetz uber die Presse no 1003 *Reichs Gesetz Blatt* no 16.

(2) Liszt. *Das deutsche Reichs pressrecht.* Berlin, Gutentag 1880. p. 9.

(3) O. Meves (*die Strafgesetz novelle*) remarque, tout en critiquant cette lacune, que l'art. 102 C. P. allemand ne protège pas le chef d'un Etat républicain. Ann. lég. étr. 6e ann. p. 143.

France n'auraient pu en Allemagne être déférés aux tribunaux, pas plus que ceux qui se sont passés pendant le carnaval de 1887 sur le territoire de cette puissance.

L'état de la législation désarme donc l'Allemagne pour demander la répression des offenses ou actes hostiles qui pourraient être commis à son égard sur le territoire d'une autre puissance. Le conflit hispano-allemand à propos des îles Carolines avait amené l'échange de certaines vivacités entre les sujets des deux pays. Des démonstrations du caractère le plus aggressif eurent lieu dans plusieurs villes espagnoles; des processions populaires défilèrent aux cris de « à bas l'Allemagne » (1). Comment l'Allemagne aurait-elle pu s'en plaindre au gouvernement espagnol ? Celui-ci ne lui aurait-il pas victorieusement objecté que les outrages par gestes ou paroles, les insultes, les huées, les menaces publiques contre un Etat étranger ne sont pas visés par la loi allemande et que cette loi même pour les actes hostiles, tout à fait spéciaux et taxativement énumérés qu'elle punit, exige dans tous les cas la condition de réciprocité dans la législation de l'Etat offensé. Comment l'Allemagne eût-elle pu reprocher à l'Espagne de laisser impunis des faits, qui, éclatant en territoire allemand contre l'Espagne, auraient échappé à toute sanction pénale ?

L'état actuel de la législation allemande ne donne pas pleine satisfaction aux mesures qu'il est bon d'inscrire dans le droit positif pour assurer le respect que les États se doivent entre eux. L'Allemagne est donc du nombre des États qui ont à améliorer leur code pénal en ce point.

Pour régler cette matière un article, rédigé à peu près dans les termes suivants, pourrait être admis dans le droit positif :

« Quiconque aura commis publiquement une offense ou un acte « hostile envers un État étranger, régulièrement reconnu et en paix « avec la nation, sera puni d'un emprisonnement de 3 mois à 3 ans « et d'une amende de 100 fr. à 3.000 fr. où de l'une de ses peines « seulement.

« La poursuite aura lieu devant la Cour d'assises, soit à la requête « de l'agent diplomatique de l'État offensé, soit d'office, sur la « demande écrite adressée par cet agent au ministère des affaires « étrangères, et par celui-ci transmise au ministre de la justice.

« La réciprocité légale ou diplomatique devra exister en faveur de « l'État requis de la part de l'État requérant. »

(1) V. *le Temps* du 5 au 15 sept. 1885.

. . . .

Une pareille disposition donne satisfaction aux exigences du droit international au point de vue des égards mutuels que les peuples se doivent; elle enlève en même temps au gouvernement, sur le territoire duquel le fait délicteux se produit, la responsabilité inadmissible de poursuivre un de ses ressortissants, alors que la partie offensée ne se plaint pas. C'est à celle-ci de voir en quel sens les circonstances lui conseillent d'agir.

Les poursuites seront-elles nombreuses? Nous ne le pensons pas, et s'il faut dire toute notre pensée, nous ne le souhaitons pas. Pour des États chrétiens, ce sera le cas de pratiquer l'oubli des injures. Grandeur d'âme facile, car une nation est placée bien haut pour que l'injure d'un particulier puisse monter jusqu'à elle!

Comme gage de l'ère pacifique que nous promet un tel article de loi, il nous suffira de rappeler quelques événements contemporains.

En octobre 1883, Alphonse XII, roi d'Espagne, traversait Paris à son retour d'Allemagne où il venait d'être créé colonel d'un régiment de uhlans en garnison à Strasbourg. Des sifflets et des huées se firent entendre sur son passage dans les rues de la capitale. Les auteurs de cette manifestation encouraient une pénalité. On pouvait prétendre qu'ils tombaient sous l'application de l'article 84 C. P. et que de tels agissements rentraient, avec un peu de bonne volonté, dans « les actions hostiles, exposant l'Etat à une guerre ». L'initiative des poursuites appartenait au gouvernement; la discussion toutefois était possible. Mais le délit, sur lequel aucun doute ne s'élevait, c'était celui d'offense au chef d'un Etat étranger. Pour mettre en mouvement l'action publique, il suffisait d'une plainte de l'offensé. Alphonse XII repoussa l'art. 36 de la loi 1881, qui s'offrait à lui; avec une sagesse et un sangfroid remarquables chez un homme jeune et fier, il s'abstint. Les relations de la France et de l'Espagne n'y ont pas perdu.

En septembre 1885, à l'occasion du correspondant d'un journal parisien qui avait disparu dans la Haute Egypte, le journal, auquel il était attaché, ouvrit une violente campagne contre l'Angleterre, sa Souveraine et son Ambassadeur. Un meeting hostile fut organisé par son directeur dans une salle publique de la capitale, puis une manifestation populaire, qui se porta contre l'hôtel de l'ambassade d'Angleterre. Ici, si l'art. 84 C. P. ne devait pas être considéré comme un texte sans portée, c'était l'occasion, ou jamais, qu'il déployât ses effets. Le ministère public laissa le Code pénal fermé.

L'offense, en tout cas, avait été commise publiquement envers un chef d'État étranger et son ambassadeur. Il suffisait d'une plainte des offensés pour mettre en mouvement l'action contenue dans les art. 36 et 37 de la loi du 29 juillet 1881. La reine d'Angleterre et lord Lyons ne se plaignirent pas. Le nuage passa, et les relations de deux grands pays n'en furent même pas effleurées.

Le calme, la hauteur de vues, la conscience de sa force et de sa dignité, voilà les sentiments qui conviennent aux nations en pareille occurence, et contre lesquels l'effort d'un particulier expire, *telum imbelle sine ictu.*

Cependant, si dans une circonstance déterminée, l'État offensé estime qu'il lui importe de se servir des armes que la loi met à sa disposition et de déférer l'offenseur à la justice de son pays, la responsabilité de cette poursuite et de ses conséquences reste à la charge du plaignant. Les poursuites aboutiraient-elles à l'absolution du coupable, l'État offensé n'aura aucune plainte à élever. Tout ce qu'il peut exiger c'est que la loi et les tribunaux soient impartialement mis à sa disposition : cela fait, il ne lui reste qu'à s'incliner devant les résultats favorables ou contraires.

C'est là un principe de droit international que consigne l'illustre professeur à l'Université de Heidelberg, M. Bluntschli, dont nous tenons à honneur d'avoir partagé les travaux pendant plusieurs années à l'Institut de droit international : « La punition d'un crime ou d'un délit dépend des règles du droit pénal et de la procédure criminelle en vigueur dans le pays. Le pouvoir exécutif (*representative Statsgewalt*) de ce pays ne peut généralement pas s'immiscer dans l'administration de la justice. Conséquemment, s'il n'y a pas d'autre procédure, pour les délits contre le droit international, le jugement de ces délits devra être également remis aux tribunaux ordinaires (*ordentlichen Strafjustiz*). L'Etat offensé n'est pas fondé à réclamer une dérogation à la marche ordinaire de la justice, et il doit se tenir pour satisfait (*er muss sich gefallen lassen*), même si l'accusé était acquitté (*freigesprochen*), ou puni d'une moindre peine que celle que l'Etat offensé estimait juste » (1).

. . . .

P.-S. Quelque temps après que cette étude était écrite, comparaissait devant la Cour d'assises de la Seine, le 12 mars 1887, M. Rigondaud (Peyramont) directeur de *la Revanche*, journal quoti-

(1) Bluntschli. *Das moderne Völkerrecht*, § 467. Nördlingen, 1872.

dien publié à Paris, sous la prévention du crime contre la sûreté extérieure de l'Etat, puni par l'art 84 C. P. de la peine du bannissement. Les faits relevés contre lui par le ministère public étaient les suivants, que nous extrayons littéralement de l'acte d'accusation :

« Le 22 février 1887, vers une heure de l'après-midi, Rigondaud, dit Peyramont, a fait exposer devant les fenêtres des bureaux du journal *la Revanche* un écriteau de grande dimension entouré de drapeaux russes et français portant l'inscription suivante : — Elections d'Alsace-Lorraine. — Candidats français 72,680 voix. — Candidats allemands 16,022 voix. — Tous les protestataires élus. — Vive la France ! » La question posée au jury se résumait ainsi : l'accusé en se livrant à ces actes a-t-il commis « une action hostile ayant exposé l'Etat à une déclaration de guerre »? Le verdict du jury a été négatif, et l'accusé a été acquitté.

Ce procès présente un cas intéressant; car c'est la première poursuite, depuis la confection du Code pénal (1810), qui ait été intentée en vertu de l'art. 84 C. P. seul ; dans les trois autres cas connus, l'accusation avait pu relever des « actes ayant exposé des Français à éprouver des représailles » (art. 85 C. P.). Nous croyons avoir démontré que dans l'espèce actuelle l'acquittement était juridiquement certain.

E.C.

Paris. — Typ. A. PARENT, A. DAVY, succ., imp. de la Faculté de médecine, 52, rue Madame et rue Corneille, 3

DU MÊME AUTEUR

Chez MM. MARCHAL et BILLARD, Éditeurs

27, place Dauphine, à Paris.

JOURNAL DU DROIT INTERNATIONAL PRIVÉ (1874-1886), 13 vol. in-8°. Un an : 15 fr.

QUESTIONS DE DROIT relatives à l'Exposition internationale de 1878. In-8°.

CONCORDANCE DES RÉSOLUTIONS DU CONGRÈS DE LA PROPRIÉTÉ ARTISTIQUE, avec les dispositions déjà admises dans les Congrès, les législations et les traités diplomatiques des principaux pays. In-8°, 1879.

ÉTAT ACTUEL DES RELATIONS INTERNATIONALES avec les Etats-Unis en matière de marques de fabrique. In-8°, 1880.

DU DÉFAUT DE VALIDITÉ DE PLUSIEURS TRAITÉS DIPLOMATIQUES, conclus par la France avec les puissances étrangères, (2e édition). In-8°, 1880.

UN ÉTRANGER PEUT-IL PRATIQUER UNE SAISIE-ARRÊT EN FRANCE SUR UN FRANÇAIS? In-8°, 1882.

Paris. — Typ A. PARENT, A. DAVY, succ., imp. de la Faculté de médecine, 52, rue Madame et rue Corneille, 3

www.ingramcontent.com/pod-product-compliance
Ingram Content Group UK Ltd.
Pitfield, Milton Keynes, MK11 3LW, UK
UKHW020438220726
13923UKWH00005B/2201